CRITIQUE
POSTHUME
D'UN OUVRAGE
DE M. DE VOLTAIRE.

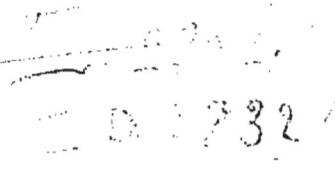

CRITIQUE
POSTHUME
D'UN OUVRAGE
DE
M. DE VOLTAIRE.

A LONDRES.

M. DCC. LXXII.

AVERTISSEMENT
DE L'ÉDITEUR.

CETTE Critique curieuse & intéressante s'est trouvée parmi les Papiers d'un Homme de Lettres de Province qui vient de mourir. Il paroît qu'il ne l'avoit faite que pour sa propre satisfaction, & sans dessein de la rendre publique, puisqu'il l'a gardée si long-temps dans son Portefeuille : peut-être même ne l'a-t'il pas achevée ; car elle ne comprend qu'un assez petit nombre d'articles. Mais telle qu'elle est, on a cru qu'elle méritoit de voir le jour, & qu'elle seroit bien accueillie de toutes les personnes qui n'ont pas voué une admiration aveugle à M. de Voltaire.

L'Ouvrage critiqué dans ce petit Écrit, est le Commentaire de M. de Voltaire sur le Théatre de P. Corneille. Quoique ce

AVERTISSEMENT.

Commentaire soit maintenant ancien, on espere que la critique n'en paroîtra point surannée ; parce que les fautes qu'elle releve, & qui sont assez considérables, n'ont point encore été remarquées, ou du moins n'ont point été dénoncées au Public.

Du reste, on sera édifié du ton honnête & modéré de l'Auteur, qui avoit assurément beau champ pour mortifier M. de Voltaire, & lui rendre les épithetes qu'il prodigue lui-même si volontiers.

CRITIQUE POSTHUME
D'UN OUVRAGE
DE M. DE VOLTAIRE.

TOME I. pag. 35. Note (1). * *S'il cesse de m'aimer, qu'il commence à me craindre.* M. de Voltaire, après avoir cité ce vers, ajoute cette réflexion : „ Le vers „ de Sénèque, *adeòne credit omne consumptum nefas?* „ paroît bien plus fort. „

Cette critique suppose que le vers de Corneille est la traduction ou l'imitation de celui de Sénèque; mais tout Lecteur intelligent voit que ces deux vers n'ont aucune ressemblance. Pour comparer Corneille avec Sénèque, au sujet du vers *adeòne, &c.* il falloit citer ces trois vers de la Scene précédente :

> Quoi ! mon Pere trahi, les Elémens forcés,
> D'un frere dans la Mer les membres dispersés,
> Lui font-ils présumer mon audace épuisée ?

Il est visible que dans ces trois vers Corneille a

---

* De l'Édition *in*-8°.

eu en vue celui de Sénéque, & je ne crois pas qu'il foit au-deſſous de ſon modèle. Le vers de Corneille, *s'il ceſſe de m'aimer, qu'il commence à me craindre*, ne céde point en énergie à celui de Sénéque, *adeòne, &c.* Ce font deux excellens vers, qui expriment également bien deux penſées toutes différentes qu'il ne falloit pas comparer.

Tom. I. pag. 44. Note (*n*). M. de Voltaire cite ce beau vers de Sénéque : *Si judicas, cognoſce ; ſi regnas, jube.* Et il le traduit ainſi :

N'es-tu que Roi, commande ; es-tu Juge, examine.

Il me ſemble que cette traduction n'eſt pas exacte, & qu'elle renferme une penſée fauſſe, qui n'eſt point celle de Sénéque. Car le vers de M. de Voltaire préſente la Royauté & le droit de commander, comme quelque choſe de fort inférieur à la Judicature & au pouvoir d'examiner : or, rien de plus faux ; & d'ailleurs il n'y a rien de pareil dans le vers de Sénéque. Au contraire, on y voit une gradation du Juge au Roi, qui montre la ſupériorité de celui-ci ſur celui-là ; gradation que M. de Voltaire a renverſée, aux dépens de la majeſté du Trône. Ce *n'es-tu que Roi*, a un air de mépris & de dédain, qui ſemble marquer que l'Auteur n'eſt pas content des Rois, & qu'il a voulu les humilier un peu en paſſant. Je conclus comme M. de Voltaire lui-même : *C'eſt dommage que Corneille n'ait pas traduit ce vers, il l'auroit bien mieux rendu.*

Tom.

Tom. I. pag. 236. Note (*a*). *On n'a point de colere pour un supplice: C'est un solécisme*, dit d'un ton tranchant M. de Voltaire.

Le sens naturel de cette expression, *avoir de la colere pour un supplice*, est, je crois, *se mettre en colere contre un supplice*; ou, pour parler françois, *se fâcher, s'irriter d'un supplice*. Ainsi la critique de M. de Voltaire donne lieu de penser que Corneille, pour dire, *se fâcher, s'irriter d'un supplice*, s'est servi de l'expression barbare, *avoir de la colere pour un supplice*. Or, rien de cela. Voici le vers de Corneille. C'est Rodrigue qui parle. On vient de lui dire que Chimene ne respire que la vengeance, & qu'il ne doit pas s'exposer aux premiers mouvemens de sa colere. Rodrigue qui ne cherche que la mort, répond:

Non, non: ce cher objet à qui j'ai pu déplaire,
Ne peut pour mon supplice avoir trop de colere.

Il est clair que *pour mon supplice*, signifie ici, *pour me punir, pour me faire expier mon crime*; & cette expression est sûrement très-bonne & très-poétique. Où est donc le *solécisme* condamné avec tant de hauteur par M. de Voltaire? On le cherche, & on ne trouve que la méprise du Critique.

Tom. II. pag. 11. Note (*b*). M. de Voltaire prétend que *près de voir* n'est pas françois, que *près de* veut absolument un substantif après lui, & non un infinitif. M. de Voltaire a tort, cela n'est pas douteux:

B

près de, suivi d'un infinitif, se trouve dans nos meilleurs Ecrivains. Mais le singulier, c'est qu'en voulant confirmer par des exemples la regle qu'il établit de son autorité, il en apporte un qui prouve précisément le contraire de ce qu'il prétend. Car voici ses deux exemples, *près de la ruine, près d'être ruiné*. On ne sçait lequel on doit le plus admirer, de la confiance avec laquelle M. de Voltaire avance un principe évidemment faux, ou de l'inconséquence avec laquelle il détruit lui-même ce qu'il vient d'établir.

TOM. II. pag. 116. Note (*d*). Cette Note contient une réflexion très-judicieuse ; mais elle est terminée par une phrase qui semble présenter une contradiction. *Le cœur doit saigner par degrés dans la Tragédie*, dit M. de Voltaire, *& toujours des mêmes coups redoublés, & sur-tout variés*. L'identité exclut la variété. Si ce sont toujours les mêmes coups redoublés qui doivent faire saigner le cœur, ces coups ne doivent pas être variés ; & s'ils doivent être variés, ils ne doivent pas être toujours les mêmes.

TOM. II. pag. 125. Note (*o*).

A quel point ma vertu devient-elle réduite !

M. de Voltaire a raison de blâmer ce vers : *devenir réduit* n'est pas françois ; mais ce qu'ajoute le Critique n'est rien moins qu'exact. ″ Ce mot *devenir* ″ (dit-il) ne convient jamais qu'aux affections de

" l'ame. On *devient* foible, malheureux, hardi,
" timide, &c. "

Il me femble que *devenir* convient tout auſſi bien aux affections du corps, à l'état de la fortune, &c. On dit *devenir* grand, gros, gras, maigre; *devenir* aveugle, fourd, muet, infirme; *devenir* riche, pauvre, libre, efclave, &c. &c. &c. M. de Voltaire vouloit dire apparemment que *devenir* ne ſe joint point à un participe; en effet, on ne dit point *devenir eſtimé, devenir mort, devenir aimant.*

Tom. II. pag. 232. Note (*c*).

La Ligue ſe romproit, s'il s'en étoit démis

La critique de M. de Voltaire ſur ce vers eſt finguliere. La voici en propres termes. " On ſe démet
" d'une Charge, d'un Emploi, & non d'une Ligue:
" on s'en détache, on s'en ſépare, on s'en défunit,
" on y renonce. "

Soupçonneroit-on, après avoir lu cet étalage de doctrine, que Corneille ne dit point *ſe démettre d'une Ligue?* Cependant il ne faut qu'un peu d'attention pour s'en convaincre. Voici les vers de Corneille :

Je ne m'étonne plus de cette violence
Dont il contraint Auguſte à garder ſa puiſſance;
La Ligue ſe romproit, s'il s'en étoit démis.

Il eſt évident que *s'il s'en étoit démis* ſe rapporte à la ſouveraine puiſſance, & non à la Ligue. Si Auguſte s'étoit démis de sa puissance, la Ligue se romproit, & c'est pour cela que Cinna pousse avec tant de violence Auguste à garder l'Empire. Voilà ce que dit Corneille ; & il ne peut pas dire autre chose. Auguste n'étoit pas apparemment de la Ligue formée contre lui-même : Comment donc auroit-il pu *s'en démettre* ? En vérité on ne conçoit pas où étoit l'esprit de M. de Voltaire, quand il a fait un pareil quiproquo. La distraction est un peu forte; car je n'ai garde de soupçonner de la mauvaise foi.

TOM. III. pag. 40. Note (*f*). M. de Voltaire rapporte dans cette Note la critique que l'Hôtel de Rambouillet faisoit du Songe de Pauline, & il paroît l'approuver. Cependant il auroit pu aisément démontrer qu'elle est très-mal fondée. Car de quel droit l'Hôtel de Rambouillet prétendoit-il que le songe de Pauline dût lui être envoyé par Dieu, dans la vue de procurer sa conversion ? Le contraire est déja établi dans la premiere Scene, où Néarque dit que ce songe est une illusion de l'ennemi du Genre-humain, qui veut se servir des frayeurs & des larmes de Pauline, pour mettre obstacle au dessein de Polyeucte.

 Et ce songe rempli de noires visions,
 N'est que le coup-d'essai de ses illusions.

Les Critiques de l'Hôtel de Rambouillet trouvoient mauvais, au rapport de M. de Voltaire, que ce songe de Pauline, au lieu de la disposer à embrasser le Chriſtianiſme, ſemblât uniquement fait pour lui en inſpirer de l'horreur. *Elle voit*, diſoient-ils, *des Chrétiens qui aſſaſſinent ſon mari, & elle devoit voir tout le contraire.* Point du tout; elle voit ce qu'elle doit voir. Puiſque c'eſt le Démon qui a envoyé ce ſonge à Pauline pour l'exciter à empêcher ſon mari de ſe faire Chrétien, il a dû lui inſpirer par ce ſonge la plus vive horreur pour le Chriſtianiſme, & il ne pouvoit mieux y réuſſir qu'en lui faiſant voir ſon mari aſſaſſiné par des Chrétiens. Il me ſemble qu'il étoit du devoir du Commentateur de Corneille de faire valoir ces raiſons contre la critique de l'Hôtel de Rambouillet.

Tom. III. pag. 52. Note (*i*). *On va au-devant de quelqu'un, mais non au-devant des murs*, dit M. de Voltaire.

Qui ne croiroit, en liſant cette critique, que Corneille a dit *aller au-devant des murs*, dans le même ſens qu'on dit *aller au-devant d'une perſonne*? Nullement. Il a dit : je vais recevoir Sévere juſqu'au-devant des murs, c'eſt-à-dire, juſqu'au-delà des murs.

Juſqu'au-devant des murs je vais le recevoir.

Il eſt évident que *je vais* ne tombe point ſur *au-devant des murs*, mais ſur *recevoir*. Ainſi la critique porte à faux.

Tom. III. pag. 205. Note (*y*). M. de Voltaire blâme Corneille d'avoir mis *encens* au pluriel. ,, On ,, peut obſerver ici, *ajoute-t'il*, qu'en aucune Langue

« les métaux, les minéraux, les aromates n'ont ja-
« mais de pluriel. »

Je ne me pique pas de sçavoir les Langues, mais j'entends un peu le latin, & j'y trouve la preuve que l'assertion de M. de Voltaire est trop générale.

> *Excudent alii spirantia molliùs* æra.
> *Admotas rapiunt vivacia* sulphura *flammas.*
> *India mittit ebur, molles sua* thura Sabæi.

Voilà dans trois vers un métal, un minéral & un aromate au pluriel. Donc, &c.

Revenons au mot *encens.* Nos anciens Poëtes étoient plus familiers avec les Auteurs latins, que les modernes : & comme ils trouvoient sans cesse dans Virgile, Horace, Ovide, &c. le mot *encens* au pluriel, ils crurent pouvoir user de la même liberté en françois. Voilà pourquoi on trouve très-souvent *encens* au pluriel dans leurs Poésies.

TOM. IV. pag. 347. Note (*y*).

> S'il étoit quelque voie, infâme ou légitime,
> Que m'enseignât la gloire, ou que m'ouvrît le crime.

« Comment une voie infâme est-elle enseignée par
« la gloire ? » demande M. de Voltaire. J'en suis fâché pour lui ; mais il prend mal la pensée de Corneille, qui est cependant très-facile à saisir. La voie infâme est ouverte par le crime, & la voie légitime est enseignée par la gloire. C'est comme s'il y avoit : *s'il*

étoit quelque voie, infâme ou légitime, quelque voie que m'enseignât la gloire, ou que m'ouvrît le crime. Je ne dis pas que ces deux vers soient sans défaut ; mais certainement ils ne contiennent pas l'absurdité que leur impute M. de Voltaire.

TOM. IV. pag. 361. Note (*p*).

Ainsi vous me rendrez l'innocence & l'estime.

M. de Voltaire prétend que l'on ne peut pas dire *vous me rendez l'estime*, comme on dit, *vous me rendez l'innocence* : par la raison que *l'innocence appartient à la personne, & que l'estime est le sentiment d'autrui*. Cette raison ne me paroît pas concluante. Car on dit très-bien : *rendez-moi votre amitié. J'espere que vous me rendrez votre estime, votre confiance*. Quoique l'amitié, l'estime, la confiance, &c. soient les sentimens d'autrui. Le défaut du vers de Corneille est d'énoncer indéterminément l'innocence & l'estime, sans spécifier l'innocence de qui, l'estime de qui. Car voici le sens de ce vers : *ainsi vous me rendrez mon innocence & l'estime du public*. Et c'est ce qui n'est pas assez expliqué par Corneille. Mais son vers ne dit pas *vous me rendrez mon estime*, comme le suppose M. de Voltaire à la fin de sa Note.

TOM. IV. pag. 415. Note (*h*). » *Prêter un bras à
» un cœur, le porter & ne pas l'écouter, sont des ex-
» pressions si peu naturelles, si forcées, si fausses,*

» qu'on voit bien que la situation ne l'eſt pas. »

M. de Voltaire a voulu dire, *qu'on voit bien que la situation n'eſt pas naturelle*. Mais le pronom relatif *le*, fait que *ne l'eſt pas* ſe rapporte néceſſairement aux trois adjectifs précédens. Ainſi la phraſe, telle qu'elle eſt, ſignifie, que la ſituation dont il s'agit, n'eſt ni *peu naturelle*, ni *forcée*, ni *fauſſe;* ce qui eſt le contraire de ce que veut dire le Critique.

Tom. IV. pag. 455. Note (*r*). Sur ce vers :

La tienne eſt donc coupable, & ta rage inſolente.

M. de Voltaire fait cette réflexion. » On peut remar-
» quer que quand Timagene dit que Seleucus a parlé
» en mourant, la Reine lui répond : c'eſt donc toi
» qui l'as tué. Ce n'eſt pas une conſéquence. *Il a*
» *parlé*, donc tu l'as tué. »

Auſſi n'eſt-ce pas le raiſonnement de Cléopatre ; & la mépriſe du Critique eſt inconcevable. Cléopatre feint d'abord de ſoupçonner que Seleucus s'eſt lui-même donné la mort. Timagene écarte ce ſoupçon. *Madame, il a parlé*, dit-il, *ſa main eſt innocente*. Si ſa main eſt innocente, reprend Cléopatre, *la tienne eſt donc coupable*. Cette conſéquence eſt bien différente de celle que M. de Voltaire met dans la bouche de cette Reine, & dont le ridicule retomberoit ſur le Poëte qui la fait parler.

Tom. V. pag. 103. Dans la *remarque ſur un paſſage concernant Héraclius*. M. de Voltaire dit que *Léontine*
eſt

est une très-méchante femme qui réserve Héraclius à un inceste. Mais voici ce que dit Corneille lui-même dans sa Préface, pag. 112. *Comme Phocas presse Héraclius d'épouser Pulchérie, Léontine pour empêcher cette alliance incestueuse du frere & de la sœur, avertit Héraclius de sa naissance.* Peut-on trouver deux textes plus contradictoires ? C'est une singuliere façon de commenter un Auteur, que de lui supposer des idées toutes contraires à celles qu'il manifeste le plus clairement.

TOM. V. pag. 105. Dans cette même *remarque sur un passage concernant Héraclius.* M. de Voltaire loue, avec raison, le style *élégant & correct, quelquefois même touchant & sublime* de la Tragédie d'Esther. Mais il prétend que le sujet de cette Piéce n'est pas intéressant, & pour le prouver, voici l'espece d'analyse qu'il en fait en peu de mots. « Quel Roi qu'Assuérus, qui » ne s'est pas fait informer, les six premiers mois » de son mariage, de quel Pays est sa femme ! qui » fait égorger toute une Nation, parce qu'un homme » de cette Nation n'a pas fait la révérence à son Visir ! » qui ordonne ensuite à ce Visir de mener par la » bride le cheval de ce même homme ! &c. » J'observe d'abord qu'il n'y a point de Tragédie que l'on ne puisse rendre ridicule en la travestissant ainsi. M. de Voltaire l'a éprouvé lui-même par rapport à sa Tragédie de Mariamne, dont le sujet, disoit-on, n'est autre chose qu'*un vieux mari amoureux & brutal, à qui sa femme refuse avec aigreur le devoir conjugal.*

Mais examinons en détail le portrait d'Assuérus tracé par notre Critique.

1°. *Quel Roi qu'Assuérus, qui ne s'est pas fait informer, les six premiers mois de son mariage, de quel Pays est sa femme !* De qui M. de Voltaire a-t'il appris cette anecdote curieuse ? Ce qui est certain, c'est que nous trouvons tout le contraire dans le Livre d'Esther, d'où M. Racine a tiré le sujet de sa Tragédie, & qu'il a si exactement suivi, qu'il auroit cru commettre *une espece de sacrilége*, comme il le dit lui-même dans sa Préface, s'il avoit altéré la moindre circonstance, tant soit peu considérable, des faits racontés par l'Ecrivain sacré. Nous y lisons que si Assuérus ignora l'origine d'Esther jusqu'au jour où l'affreux complot d'Aman obligea cette Reine de se faire connoître; c'est parce que, fidelle à l'ordre exprès de Mardochée, elle avoit refusé de déclarer sa naissance & son Pays à l'Eunuque chargé de s'en informer. * *Quæ noluit ei indicare Populum & Patriam suam, Mardochæus enim præceperat ei ut de hâc re omninò reticeret.* Ce n'est donc pas parce qu'Assuérus avoit négligé de s'en instruire. Mais d'ailleurs qu'importoit à ce Prince la connoissance de la Patrie d'Esther ? Parmi cette multitude de jeunes filles de tous les Pays qu'on élevoit pour ses plaisirs, Esther fut celle qu'il trouva la plus aimable; il la choisit pour remplacer Vasthi qu'il

---

* L. Esther, Ch. II. v. 10.

avoit répudiée. C'est sa beauté simple & touchante, c'est l'innocence & la candeur peintes sur son front, qu'Assuérus considéra, & sa naissance n'entra pour rien dans ce choix. Assuérus agissoit comme agit le Grand Seigneur quand il choisit la Sultane Favorite. Il faut avoir égard aux temps & aux mœurs. Le Roi de Perse ne se marioit pas comme on se marie à Paris. Quand Orosmane veut épouser Zaïre, s'informe-t'il de quel Pays, de quelle famille, de quelle Religion elle est ?

2°. Assuérus, selon notre Critique, *fait égorger toute une Nation, parce qu'un homme de cette Nation n'a pas fait la révérence à son Visir.* Voilà encore une fausseté insigne. Le motif qui engageoit Aman à faire périr tous les Juifs, étoit bien le ressentiment qu'il avoit de la noble fierté de Mardochée ; mais il se garda bien d'apporter à son Maître un pareil motif pour obtenir de lui l'Arrêt sanguinaire qu'il desiroit. Il employa des raisons d'Etat, dont les Ministres ne manquent jamais pour perdre ceux qui ont le malheur de leur déplaire : & voici comme il explique lui-même les moyens dont il se servit pour parvenir à son but. Act. III. Sc. 1.

> Je prévins donc contre eux l'esprit d'Assuérus :
> J'inventai des couleurs, j'armai la calomnie,
> J'intéressai sa gloire, il trembla pour sa vie :
> Je les peignis puissans, riches, séditieux, &c.

Je ne dis rien du nom moderne de *Visir* que M. de

Voltaire donne à Aman : on sent bien que c'est pour aggraver le ridicule.

3°. Le dernier trait qui déshonore Assuérus aux yeux de notre Critique, c'est l'ordre qu'il donne à son *Visir* de mener par la bride le cheval de Mardochée. Il est à remarquer que par la maniere dont M. de Voltaire présente ce trait, il semble qu'Assuérus soit un Prince capricieux & bizarre, qui après avoir condamné à mort tous les Juifs, & Mardochée lui-même, pour complaire à son Favori, condamne à son tour son Favori à mener par la bride le cheval de Mardochée. Mais il n'en est rien. Assuérus a proscrit tous les Juifs, parce qu'on lui a persuadé que c'étoit une Nation abominable. Il apprend ensuite qu'un Particulier de cette Nation lui a sauvé la vie, il veut que ce Particulier soit recompensé de sa fidélité. Du reste, les intérêts contraires d'Aman & de Mardochée n'entrent pour rien dans les vues du Monarque. Ce n'est point Assuérus qui veut donner à Aman la mortification d'être le héraut de la gloire de son ennemi : c'est Aman lui-même, qui guidé par son orgueil, & croyant ordonner la pompe de son triomphe, se condamne par sa propre bouche à cette affreuse humiliation.

TOM. V. pag. 119. Note (*c*). " *Qui comme moi s'est élevé au Trône, il croit voir des tempêtes.* " Cet *il* est " une faute, dit le Commentateur " J'en conviens avec lui ; mais cette phrase n'est point de Corneille.

Qu'on life l'endroit qui donne lieu à cette critique: en voici la conftruction. *Qui comme moi de fimple Soldat élevé à l'Empire, ne l'a acquis & confervé que par le crime : autant que fa fureur s'eft immolé de têtes, autant il croit voir de tempêtes fur la fienne.* Je demande à tout François fi *il* n'eft pas abfolument néceffaire dans cette phrafe, bien-loin d'être une faute. M. de Voltaire a rapproché les extrémités de la période, en fupprimant le milieu, & par ce moyen, de bonne il l'a rendue mauvaife. » Quand on veut examiner les » vers françois avec des yeux attentifs & féveres, » *dit notre Critique*, Note (*b*), on eft étonné des » fautes qu'on y trouve. » Ne pourroit-on pas dire qu'il a quelquefois examiné ceux de Corneille avec des yeux plus féveres qu'attentifs ?

Tom. V. pag. 129. Note (*g*). M. de Voltaire prétend que Pulchérie a tort de dire à Phocas que le Trône eft à elle : parce que, dit ce Critique, *jamais femme n'a été héritiere de l'Empire Romain.* Qu'entend par-là M. de Voltaire ? Veut-il dire qu'aucune femme n'a poffedé l'Empire Romain à titre d'héritage, de la même maniere qu'il fe pratique dans les Etats où la Couronne eft héréditaire ? Mais aucun homme ne l'a poffédé non plus à ce titre, pris à la rigueur, puifqu'il étoit électif, comme le Critique le dit lui-même, *pag.* 135 Note (*o*). Ce n'étoit pas tant la naiffance que le fuffrage du Sénat, du Peuple, & fur-tout des Légions, qui plaçoit fur le Trône. Mais il étoit cependant ordinaire que les enfans, les femmes, les freres, les sœurs, & autres parens des Empereurs leur succédassent, à moins qu'il ne s'élevât quelque Compétiteur plus puissant & plus agréable au Peuple. C'est ainsi que Pulchérie, sœur de Théodose II, se trouva maîtresse de disposer de l'Empire à la mort de son frere, & en disposa en effet en faveur du Prince Marcien, qu'elle appella au Trône par un choix très-libre, & qu'elle épousa à cause de sa sagesse & de sa vertu. Si quelque Centenier, tel que Phocas, se fût fait proclamer Empereur à la mort de Théodose, Pulchérie, n'eût-elle pas été en droit de lui dire que le Trône étoit à elle ? Il en est de même de la Pulchérie dont il s'agit ici.

Elle est supposée fille de l'Empereur Maurice, elle croit être l'unique reste de la famille de ce Prince. Elle est donc bien fondée à se regarder comme l'héritiere légitime de son sceptre. On a vu plusieurs autres femmes disposer du Trône Impérial comme de leur héritage, l'occuper seules, ou y faire asseoir avec elles ceux qu'elles jugeoient à propos. Ainsi l'Impératrice Irene régna seule après avoir régné avec son fils : Ainsi Zoé couronna Constantin-Monomaque en le choisissant pour son époux : ainsi Théodora gouverna seule l'Empire, n'ayant point voulu se marier : ainsi Eudoxie en épousant Romain-Diogene, lui mit le sceptre en main. Ces exemples suffisent pour prouver que la critique de M. de Voltaire n'est pas réfléchie.

Mais ce qu'il ajoute dans la même Note me paroît incompréhensible. *Pulchérie, dit-il, a moins de droit au Trône que le dernier Officier de l'Armée.* Eh pourquoi donc ? J'avoue que je n'en devine pas la raison. Ce n'est pas sans doute parce qu'elle est du sang de l'Empereur Maurice ; ce sang qui remonte jusqu'à Théodose & à Constantin, est cher & précieux à l'Etat: Ce n'est pas non plus parce qu'elle est femme ; nous venons de voir que plusieurs femmes ont gouverné l'Empire Romain. Que le Critique s'explique donc.

Tom. V. pag. 132. Note (*k*).

J'ai forcé ma colere à te prêter silence.

» Cette réponse, *dit M. de Voltaire*, ne fait-elle pas voir
» que Phocas ne devoit pas se laisser ainsi braver ? »
Que devoit-il donc faire ? La forcer d'épouser sur le champ son prétendu fils, ou la faire mourir ? Il n'y avoit plus de Piéce. Si l'on ne pouvoit pas faire dire par un personnage des choses dont celui à qui on les dit doit être cruellement offensé, il faudroit renoncer à faire des Tragédies. On trouve de pareilles Scenes dans M. de Voltaire lui-même. Mérope & Egyste disent à Polifonte à peu-près les mêmes choses que Pulchérie dit à Phocas ; & cela n'est point contre nature. Tous les jours on voit des hommes qui ont assez d'empire sur eux-mêmes pour écouter tranquillement des discours pleins d'invectives. D'ailleurs il faut se souvenir que Phocas a un très-grand

intérêt à gagner Pulchérie : il desire passionnément qu'elle consente à épouser son fils : c'est cet intérêt, c'est ce desir qui enchaîne sa colere.

M. de Voltaire ne trouve point que cet intérêt soit assez bien fondé. Mais celui qu'a Polifonte à épouser Mérope, l'est-il mieux ? M. de Voltaire convient lui-même que non : car voici comme il s'exprime dans sa Réponse à M. de la Lindelle. ,, Ni M. Maffei, ni moi, ,, n'exposons des motifs bien nécessaires pour que le ,, tyran Polifonte veuille absolument épouser Mé- ,, rope. ,, Mais il ajoute qu'il *regarde ce défaut comme fort léger, quand l'intérêt qu'il produit est considérable.* Il a réfuté d'avance, par ces mots, la critique très-longue & très-vive qu'il fait de la conduite de Phocas à l'égard de Pulchérie.

A la fin de la Note (*d*), pag. 129, M. de Voltaire dit qu'en général ,, ces Tyrans qu'on traite avec ,, tant de mépris dans leurs Palais, au milieu de leurs ,, Courtisans & de leurs Gardes, sont des person- ,, nages dont le modèle n'est point dans la Nature. ,, J'en suis fâché pour M. de Voltaire, car son Polifonte est bien dans le cas. Egysthe traite avec le mépris le plus outrageant cet Usurpateur, qui est certainement le Maître dans le Palais, qui est entouré de ses Courtisans & de ses Gardes, & qui tient entre ses mains la vie de ce jeune Prince.

Eheu !
Quàm temerè in nosmet legem sancimus iniquam !
Hor. Sat. III.

TOM.

Tom. VI. pag. 159. Note (*m*).

S'il faut votre préfence à foutenir ma foi.

M. de Voltaire critique avec raifon ce vers, qui eft en effet défectueux ; mais la maniere dont il le fait, n'eft pas exacte. » On dit *il faut foutenir*, & non *à* » *foutenir. Il faut à* n'eft pas françois. » Ce font les termes de M. de Voltaire. Il eft certain que d'après cette critique on doit penfer que Corneille a dit, *il faut à foutenir*, pour *il faut foutenir*. Cependant il n'en eft rien. Corneille a dit, *il faut votre préfence à foutenir*, au lieu de *il faut votre préfence pour foutenir*. Dans le vers de Corneille, *il faut* ne régit pas *à foutenir*, comme le Critique le donne à entendre. Il régit *votre préfence*. Ainfi l'abfurdité difparoît : il ne refte que la faute d'avoir employé la prépofition *à*, au lieu de la prépofition *pour* devant le verbe *foutenir*. M. de Voltaire pouvoit relever cette faute ; mais il ne falloit pas reprocher à Corneille un barbarifme qu'il n'a pas fait.

Tom. VI. pag. 162. Note (*f*).

Si j'ai befoin de vous, de peur qu'on vous contraigne.

A l'occafion de ce vers, où il manque un *ne*, M. de Voltaire entreprend de fixer quand on doit fe fervir en françois de cette négation, & il s'exprime ainfi. » En général voici la regle. Quand les Latins » emploient le *ne*, nous l'employons auffi. » Il y a bien des chofes à remarquer fur ce peu de paroles.

1°. Cette regle ne peut être utile qu'aux personnes qui fçavent le latin ; & la Langue françoife doit être fondée fur des principes indépendans de la Langue latine.

2°. " Quand les Latins emploient le *ne*, (dit M. " de Voltaire) nous l'employons auffi. " Quoi ? nous employons le *ne* latin ? Point du tout. Nous employons le *ne* françois qui y répond, mais qui n'eft pas le même mot, & qui fe prononce fort différemment. Dans le *ne* latin l'*e* eft fermé ; dans le *ne* françois il eft muet. Il eft clair que la phrafe du Critique eft équivoque & incorrecte. Il falloit dire : quand les Latins emploient le *ne*, nous nous fervons de la négation *ne* que nous ajoutons au *que*.

3°. Cette regle même, établie par M. de Voltaire, n'eft pas toujours vraie. Par exemple, voici une phrafe latine, où il fe trouve un *ne* : *Haud vereor ne preces meas repudiet Deus*. Cependant il ne faut point en françois de négation après le *que*. Car voici la traduction, qui fûrement eft françoife. *Je ne crains point que Dieu rejette mes prieres.*

Je pourrois ajouter que cette même regle, en la fuppofant vraie, n'eft pas fuffifante. Car dans ces phrafes : *non dubito quin eum ames : non impedio quominus exeas ;* le latin n'offre point de *ne*, & cependant le françois exige la négation *ne*. *Je ne doute point que vous ne l'aimiez : je n'empêche point que vous ne fortiez.* Mais je veux bien fuppofer que par *ne* M. de Voltaire a voulu entendre tout ce qui a en latin la même signification, & par conséquent *quin* & *quominùs*.

Dans la même Note, le Critique pose encore pour principe que *quand les Latins se servent d'*ut*, on supprime le* ne *en françois*. Cela n'est pas généralement vrai. Dans cette phrase : *vereor ut satis citò advenias*, il y a un *ut*; & bien-loin de supprimer en françois le *ne*, il faut y ajouter un *pas*, & traduire ainsi : *Je crains que vous n'arriviez pas assez tôt*. Dans cette autre de Ciceron : *Dii prohibeant ut hoc præsidium sectorum æstimetur*; il se trouve encore un *ut*, & cependant il faut une négation en françois. *Plaise aux Dieux d'empêcher que ce lieu ne soit regardé comme un asyle d'assassins.* Je sçais que le premier *ut*, qui équivaut à *ne non*, & le second qui est employé pour *ne*, ont une signification négative, & que ce n'est pas sans doute des *ut* de cette espece que le Critique veut parler; mais il falloit donc s'expliquer, & ne pas établir une regle qui par sa trop grande généralité devient fausse, & peut induire en erreur. Au reste, je ne suis point surpris que M. de Voltaire n'ait pas eu ces minuties présentes à l'esprit, en écrivant ses Commentaires; mais il n'auroit pas dû entrer dans ces discussions, sans être bien sûr de ce qu'il avançoit.

Tom. VI. pag. 203. Note (*n*).

Et vous offenseriez l'estime qu'elle en fait.

Voici la critique du Commentateur sur ce vers. » On

« ne fait point l'estime ; cela n'a jamais été françois.
« On a de l'estime, on conçoit de l'estime, on sent
« de l'estime : & c'est précisément parce qu'on la
« sent, qu'on ne la fait pas. Par la même raison on
« sent de l'amour, de l'amitié : on ne fait de l'amour
« ni de l'amitié. »

1°. On ne peut pas dire que *faire estime n'a jamais été françois*. On trouve très-fréquemment cette expression dans nos anciens Auteurs les plus estimés : * l'usage l'autorisoit donc alors : donc elle étoit françoise.

2°. L'analogie ne prouve rien en fait de Langues : l'usage seul décide. Ainsi, quoiqu'il paroisse absurde de dire qu'on fait l'estime, au lieu de dire qu'on la sent, si l'usage permet cette premiere expression, elle est françoise.

Il en est de même du verbe *faire*, joint avec *amour* & *amitié*. M. de Voltaire condamne cette jonction, parce qu'on sent l'amour & l'amitié, & qu'on ne les fait pas : cependant on dit tous les jours *faire l'amour*, *faire amitié à quelqu'un*. Je sçais que ces expressions ne sont pas du beau style ; mais certainement elles sont *françoises*.

TOM. VI. pag. 222. Note (*g*).

Et hors de l'Arménie enfin je ne suis rien.

Il me semble que la critique de M. de Voltaire sur

---

* *Voyez* le Dictionnaire de Trévoux.

ce vers & les suivans, est une mauvaise chicane. Puisque Laodice répéte tant de fois qu'elle conserve toujours le titre & la dignité de Reine qu'on ne peut lui ravir, n'est-il pas clair que quand elle dit:

<blockquote>Et hors de l'Arménie enfin je ne suis rien,</blockquote>

elle entend, quant à la jouissance & à l'exercice de la Souveraineté ? Au reste, on dit très-bien *je ne suis rien ici*, pour, *je ne puis rien ici*. La premiere phrase a plus d'énergie, & marque mieux la modestie de celui qui parle.

TOM. VI. pag. 230. Note (*z*). *Le Roi n'est qu'une idée*. Le Commentateur critique ainsi cette expression. ″On dit bien, *n'est qu'un fantôme*, mais non pas, ″*n'est qu'une idée.* ″

Cela est vrai. Mais la raison qu'il en apporte ne me paroît pas satisfaisante. ″C'est, dit-il, que *fan-* ″*tôme* exclut la réalité, & qu'*idée* ne l'exclut pas. ″ Je crois qu'*idée* exclut autant la réalité que *fantôme* dans le sens dont il s'agit ici. Quand on dit *une fortune en idée, un succès en idée, un vainqueur en idée,* * cela ne signifie-t'il pas une fortune, un succés, une victoire sans réalité ?

---

* Fléchier, Or. fun. de Turenne, p. 206.

FIN.

LETTRE

De l'Imprimeur à M. DE VOLTAIRE, en lui envoyant un exemplaire de la Critique posthume.

MONSIEUR,

ON a trouvé des taches dans le soleil, comment ne prétendroit-on pas en trouver dans vos Ouvrages ? En qualité d'Imprimeur j'ai prêté mon ministere à l'édition d'un petit Ecrit qui vous reproche quelques fautes qui seroient assez considérables, si elles étoient réelles. Mais je suis si persuadé que ce sont autant de bévues de l'Auteur lui-même, que je ne crains point de vous adresser un exemplaire de cette prétendue critique, qui vous divertira beaucoup. Il vous sera aisé, MONSIEUR, au moyen de cet exemplaire, le premier qui foit forti de mes Preſſes, de prévenir, par une réfutation péremptoire, les fâcheuſes impreſſions que l'Ouvrage pourroit faire ſur des eſprits peu ſolides. Malheureuſement pour l'Auteur, il n'eſt plus à portée de profiter des avis que vous auriez eu la bonté de lui donner avec votre honnêteté ordinaire. On lui a, je crois, rendu un mauvais ſervice, en mettant au jour une production qu'il ſembloit lui-même avoir condamnée aux ténebres. Quoiqu'il en ſoit, j'ai cru que me prêter aux deſirs de l'Editeur, c'étoit vous préparer un nouveau triomphe; & que bien-loin de me ſçavoir mauvais gré de ma complaiſance, vous la regarderiez comme une preuve de mon zèle pour votre gloire, & de l'admiration reſpectueuſe avec laquelle je ſuis, &c.

www.ingramcontent.com/pod-product-compliance
Lightning Source LLC
Chambersburg PA
CBHW060555050426
42451CB00011B/1918